SOUS PRESSE : Le Coffre-fort.
Les Machabées, drame sacré en 4 actes.

LA FRANCE
DRAMATIQUE
AU
DIX-NEUVIÈME SIÈCLE.

Saint-Marcel.

A MINUIT !
DRAME EN TROIS ACTES.

557 — 558

Cette pièce ayant eu un succès que, d'après l'avis de plusieurs journaux, elle n'eût pas manqué d'obtenir sur une scène plus élevée, nous croyons, en l'imprimant, faire plaisir au public et aux directeurs de province.

PARIS

J.-N. BARBA, | DELLOYE, | BEZOU,
AU PALAIS-ROYAL, | RUE DES FILLES-S.-THOMAS, | BOULEVARD S.-MARTIN,
Derrière le Théâtre-Français. | Près de la Bourse. | Et rue Meslay, n° 34.

AU MAGASIN GÉNÉRAL DES PIÈCES DE THÉATRE
DE Ch. TRESSE, SUCCESSEUR DE J.-N. BARBA,
Palais-Royal, Grande Cour, derrière le Théâtre-Français.

1839

A MINUIT!

DRAME EN TROIS ACTES,

Par MM. POUJOL et MARÉCHALLE,

Représenté pour la première fois, à Paris, sur le théâtre Saint-Marcel, le 16 novembre 1839.

DISTRIBUTION DE LA PIÈCE :

LORD DUDLEY...	MM. WILLOT.
MORELLI, jeune peintre italien........................	LEQUIEN.
STRALZO, ancien colonel...............................	HOUDARD.
BICHONI, soldat déserteur, domestique de Morelli.....	LACOURIÈRE.
ANGELA, nièce de Stralzo..............................	Mmes SABLONI.
MADAME SIMÉONI, dame de compagnie d'Angéla.........	LAPORTE.
BERLINETTA, fille du concierge.......................	ÉLISA.

UN NOTAIRE, UN CHAPELAIN, AMIS de lord Dudley.
DOMESTIQUES, VILLAGEOIS.

Berlinetta et Bichoni ont conservé les habits de leur pays.

La scène se passe en Italie, à la villa de lord Dudley, aux environs de Naples.

ACTE PREMIER.

Le théâtre représente un atelier de peinture. Le fond, ouvert, laisse apercevoir les jardins. A droite de l'acteur, l'appartement de Morelli.

SCÈNE I.

MORELLI, BICHONI.

(Au lever du rideau, le jeune peintre est assis auprès d'un bonheur du jour. Il est en contemplation devant un portrait en miniature, et soupire fréquemment. Bichoni l'observe.)

MORELLI.

Oui, voilà bien cette figure enchanteresse !... ces traits divins qui firent battre mon cœur pour la première fois !...

BICHONI, à part.

Toujours en contemplation devant ce portrait !... Moi, je l'avoue, il me faut autre chose que des images ; j'aime mieux deux jolies filles en nature... qu'une seule en peinture. Mais, si j'ai bien compté, voilà la dix-septième soupir, au moins, depuis cinq minutes... Il faut que je lui coupe la respiration, de peur qu'il n'étouffe. (haut.) Monsieur, vous soupirez admirablement, mais vous m'effrayez...

MORELLI, sans écouter Bichoni.

O ma mémoire !... ô mes pinceaux ! vous ne m'avez jamais si bien servi !...

BICHONI, à part.

Il ne répond pas mal à ce que je lui dis. Comme c'est extravagant... exalté, un artiste !... Allons, allons, il faut le brusquer pour éviter une suffocation. (haut.) Monsieur... excusez-moi d'avance, car, vous le savez, quand je fais ou quand je dis une bêtise, c'est toujours dans une bonne intention... Vous couvrez de baisers une copie... passe encore si c'était l'original... Est-ce que vous n'auriez plus d'éloignement pour ce sexe... si perfide en général, mais si bon... en particulier, c'est-à-dire pour les grandes comme pour les petites femmes ?

MORELLI, avec feu.

Oui, j'aime !... et j'aime avec idolâtrie !...

BICHONI, à part.

Ah! quelle explosion de sentiment! (haut.) Sans indiscrétion, monsieur, peut-on vous demander si la personne qui vous a si bien retourné est veuve, femme ou demoiselle?

MORELLI.

Je l'ignore; mais sa beauté surpasse tout ce que Raphaël a créé de plus parfait, de plus ravissant! Cette perfection idéale, que nous autres artistes cherchons dans notre imagination, désespérant de la trouver dans la nature, ce divin assemblage de grâces, de noblesse et de candeur, tout cela existe en elle!

BICHONI, à part.

Oui, comme chez toutes les demoiselles à marier. (regardant le portrait.) Au fait, elle ne me paraît pas mal... (haut.) Ainsi, monsieur, au diable la sagesse, et vivent les belles et les amours! Tant mieux, c'est mon élément; et je vois que vous êtes comme moi, brave... quand il n'y a pas de danger à courir. Mais où avez-vous donc découvert cette huitième merveille?

MORELLI.

Aux environs de cette villa. Il y a un mois, l'une de mes promenades me conduisit près d'une maison d'assez mince apparence, entourée d'un superbe jardin où se promenait une jeune fille lisant une lettre qu'elle arrosait de ses larmes. Sa beauté attira toute mon attention. J'étais sur le point de franchir l'espace qui me séparait d'elle; mais, enchaîné par le respect, je ne pus que suivre du regard jusqu'à ses moindres mouvements. Enfin elle avait disparu, et j'étais resté immobile à la place où je l'avais contemplée.

BICHONI, à part.

En voilà de l'amour! et du solide. (haut.) Et vous l'avez revue?

MORELLI.

Tous les jours.

BICHONI.

Alors vous savez quel est son nom, son rang, et si elle a une famille?

MORELLI.

J'ai interrogé quelques paysans, et tout ce que j'ai pu apprendre, c'est qu'elle s'enveloppait du plus profond mystère.

BICHONI.

On ne vous accusera toujours pas de témérité. . Ordinairement on va plus vite que ça en amour; et moi qui vous parle, moi que ma poltronnerie a fait déserter les drapeaux du pape... car, vous le savez, monsieur, j'étais soldat du pape, je crois qu'à votre place, vis-à-vis d'une jolie fille surtout, j'aurais franchi toutes les barrières, renversé tous les obstacles... Je n'ai pas de courage avec les hommes, j'en conviens; mais avec les femmes, ah! je suis un César, un Cartouche, un scélérat, un lion enfin!

MORELLI.

Aurais-je pu me décider à soulever le voile dont un motif puissant peut-être la forçait à se couvrir?

BICHONI.

En pareille circonstance, monsieur, je soulève tout... A la vérité, moi je n'ai rien à perdre; tandis que vous, homme du monde, et ami de lord Dudley, vous avez des ménagements à garder. C'est une histoire bien bizarre que votre connaissance avec milord!...

MORELLI.

Il est vrai que le hasard a tout fait. Héritier d'une des plus illustres familles d'Angleterre, possesseur lui-même d'immenses richesses, lord Dudley, s'ennuyant dans sa patrie, où aucun lien ne le retenait plus, résolut de voyager. Il vendit ses biens et arriva en Italie, ayant, par une singularité assez commune du reste aux Anglais, toute sa fortune en portefeuille. Ce trésor, qui à lui seul aurait enrichi dix familles, il le perdit. Pendant quelques jours il fit faire les recherches les plus actives; elles furent vaines. Alors, sans ressources, et ne tenant à rien, pas même à la vie, il était sur le point de se faire sauter la cervelle quand je me présentai à lui son portefeuille à la main. A la vue de ses millions il resta d'abord comme anéanti...

BICHONI.

Il y avait de quoi.

MORELLI.

Puis, mû par un sentiment de générosité, il me serra dans ses bras et voulut que je consentisse à partager avec lui la fortune que je lui avais rendue. Je refusai; mais mon désintéressement le toucha, et ses instances, qui semblaient dictées par le désir de trouver en moi un véritable ami, triomphèrent de ma résolution.

BICHONI.

Il est si doux de se laisser faire du bien! Ah! comme je m'en laisserais faire, si quelqu'un, homme ou femme... mais j'aimerais encore mieux que ce fût une femme, voulait me combler de toutes sortes de bonnes choses... me rendre heureux enfin... Car vous l'êtes, vous, monsieur?...

MORELLI.

Heureux?... moi?... Non; il y a là...

BICHONI.

Oh! oui, le cœur... je connais ça; j'ai fait tant de victimes... Ah! combien j'en ai abandonnées!... A la vérité, sitôt qu'elles me connaissaient, elles me fermaient la porte au nez tout de suite... Mais c'est égal, les femmes!... les femmes!... c'est le charme de la vie, c'est la plus belle partie du genre humain... après nous; et si vous m'y autorisez, monsieur, je chercherai à découvrir votre belle inconnue. Une fois que je saurai son nom, le lieu qui l'a vue naître, le rang qu'elle occupe dans la société, où elle va et d'où elle vient, avec la dose d'intelligence que la nature m'a donnée je saurai bientôt le reste.

MORELLI.

J'y consens ; mais de la prudence : interroge adroitement, évite de répondre et surtout de me compromettre.

BICHONI.

Ne craignez rien; je déploierai toute mon adresse... car j'en ai... J'aime aussi, moi, la gentille Berlinetta, la fille du concierge; mais en tout bien tout honneur ; c'est la fille plus sage... à ce que je crois... Mais la voilà... Je vais à la découverte.

(Il va pour sortir ; Berlinetta se trouve sur son passage.)

SCÈNE II.

LES MÊMES, BERLINETTA, tenant une lettre à la main.

BERLINETTA.

Vous vous sauvez quand j'arrive, monsieur Bichoni?

BICHONI.

Non pas, c'est vous qui arrivez quand je me sauve.

BERLINETTA, à Morelli.

Une lettre pour vous, monsieur Morelli.

MORELLI, vivement.

L'écriture de Dudley !... (après avoir lu.) Il arrive et te charge de préparer le plus bel appartement de cette villa pour deux personnes qu'il amène avec lui.

BERLINETTA, à elle-même.

Quelles peuvent être ces deux personnes?...

BICHONI, à part.

Aussi curieuse que bavarde... deux défauts, du reste, qui se développent en vieillissant, ça promet pour l'avenir.

MORELLI.

Berlinetta, fais préparer l'appartement qui donne sur l'orangerie. (bas à Bichoni.) Et toi, Bichoni, n'oublie pas les renseignements que tu m'as promis... Quant à la route que tu dois suivre...

(Il lui parle à l'oreille.)

BERLINETTA, à part.

Toujours du mystère! (à Bichoni.) Vous sortez !... Vous me direz où vous allez, n'est-ce pas?

BICHONI.

Certainement, vous saurez tout... quand vous serez ma femme; alors je n'aurai plus de secret pour vous.

(Il sort.)

BERLINETTA, courant après lui.

Tâchez donc que ce soit bientôt, car je suis très curieuse.

SCÈNE III.

MORELLI, seul.

Que de félicité ce jour me promet! Dudley revient près de moi, et j'espère savoir bientôt quelle est cette femme que j'adore en secret et dont dépend ma destinée!... (On entend le bruit d'une voiture.) Le bruit d'une voiture ! (Il court à la fenêtre.) En effet, en voici une qui s'arrête à la grille... C'est Dudley !... deux dames sont avec lui... Je ne sais ce que j'éprouve... je devrais courir vers mon ami... et je sens qu'une force surnaturelle me retient... Se pourrait-il que l'amour?... Oh! non, l'amitié n'a rien perdu de ses droits, et ma présence près de lui va bientôt le lui prouver... Mais le voici !

(Il va pour sortir, Dudley entre.)

SCÈNE IV.

DUDLEY, MORELLI.

DUDLEY.

Morelli! mon cher Morelli !

MORELLI, dans les bras de Dudley.

Ah ! milord ! quelle joie de vous revoir !

DUDLEY.

Me voilà près de toi pour longtemps, je l'espère. Cette villa deviendra un séjour délicieux, et les liens qui nous unissent vont se resserrer plus que jamais !

MORELLI.

Qui pourrait ajouter à la force d'un sentiment fondé sur la plus franche amitié... sur la reconnaissance?

DUDLEY.

Que parles-tu de reconnaissance?... Ce mot serait mieux dans ma bouche que dans la tienne. En partageant avec toi des richesses que je dois au hasard, j'acquitte une dette envers un ami généreux, et je répare les injustices de la fortune envers un artiste de talent. Honte à qui laisse dormir entre ses mains un or stérile ! honte à qui oublie que le superflu du riche n'est qu'un dépôt que le mérite indigent a droit de réclamer.

MORELLI.

Je reconnais votre cœur, milord, à la noblesse de ces sentiments ; il n'est pas changé.

DUDLEY.

Tu le crois?... c'est une erreur. Non, ce cœur n'est plus le même depuis que je t'ai quitté; une passion qui m'était inconnue s'est emparée de moi et semble avoir renouvelé tout mon être; elle domine toutes mes pensées; elle est le mobile de toutes mes actions.

MORELLI, étonné.

Ce langage !...

DUDLEY.

Est nouveau pour toi !... Tout entier au culte des beaux-arts, passionné pour la gloire, à peine soupçonnes-tu l'existence d'un sentiment dont la tyrannie est à la fois si puissante et si douce !

MORELLI.

Vous me voyez ravi d'un pareil changement ; mais comment s'est-il opéré ?

DUDLEY.

Ecoute. Il y avait quelques heures que nous nous étions quittés ; ma chaise roulait sur la route de Naples où j'allais terminer les affaires relatives à l'acquisition de cette propriété où nous devons nous fixer pendant la mauvaise saison. La nuit m'avait surpris dans mes réflexions... Tout à coup des cris frappent mon oreille... J'écoute... ils redoublent. M'élancer hors de ma voiture, voler vers une maison isolée d'où partait ce bruit étrange, fut pour moi l'affaire d'un moment. La porte cède à mes efforts ; j'entre et je vois, d'un côté, deux femmes dans une attitude suppliante et à qui la frayeur arrachait des cris déchirants ; de l'autre, un homme armé qui les menace de se porter à la dernière extrémité si elles refusent de le suivre.

MORELLI.

Vous me faites frémir !

DUDLEY.

A peine ce furieux m'eut-il aperçu qu'il s'élança sur moi. J'étais sans armes et j'eusse été sa victime si mes gens n'étaient accourus sur mes pas. A leur vue il prit la fuite en jurant de se venger... Ma présence et mes soins eurent bientôt calmé l'effroi de ces deux femmes intéressantes. La plus âgée m'apprit qu'elle se nommait Siméoni, et qu'elle était dame de compagnie d'Angéla, fille du comte Stolino, compromis dans les troubles de Naples, lors de la conjuration d'Eléonore Pimental, et exilé avec Fierobaldi, son ami ; elle ajouta que Stolino était mort dans l'exil, et que le misérable dont je les avais délivrées était l'oncle d'Angéla, ancien colonel, à qui ses désordres avaient fait retirer son régiment, et qui, épris des charmes de sa nièce et plus encore de sa fortune, voulait la forcer à lui donner sa main. Peut-être Angéla allait-elle céder à la violence, si le hasard ne m'eût envoyé à son secours. Ah ! mon ami ! elle me témoigna sa reconnaissance avec une expression si touchante que c'en était fait de ma liberté ! J'aimais, et une voix secrète semblait me dire : Voilà celle que le ciel te destine, la femme de ton cœur, la compagne de ta vie !

MORELLI.

Que d'intérêt s'attache à la position de ces deux femmes !

DUDLEY.

Je les déterminai à changer immédiatement de demeure pour éviter les nouvelles tentatives qu'aurait pu faire l'oncle d'Angéla, et je les conduisis dans un lieu sûr. Là je connus tous leurs malheurs et je continuai ma route. Après avoir terminé mes affaires à Naples, je revins près d'Angéla pour lui faire l'aveu d'un amour que quelques jours d'absence n'avait fait qu'augmenter, et la presser de conclure un hymen dont dépend maintenant ma félicité. Rien alors pourra-t-il manquer au bonheur de celui qui possédera Angéla pour épouse... et Morelli pour ami !... Mais je ne veux pas retarder le plaisir que j'aurai à te présenter à elles.

MORELLI.

Je vous suis, milord...

DUDLEY.

Non, reste, je vais les amener... Le sanctuaire des arts n'est-il pas le lieu le plus digne de recevoir la beauté ?

(Il sort.)

SCÈNE V.

MORELLI, seul.

Heureux Dudley !... il aime... il est aimé !... J'aime aussi moi, mais sans espoir peut-être... Le voici avec ces dames.

SCÈNE VI.

DUDLEY, MORELLI, ANGÉLA et MADAME SIMÉONI, en habit de voyage, PLUSIEURS DOMESTIQUES.

DUDLEY.

Je vous présente, mesdames, celui dont l'amitié et le talent font depuis plusieurs années le charme de cette villa, et, je dois vous en prévenir, nous sommes unis comme deux frères ; c'est vous dire que Dudley et Morelli ne doivent jamais être séparés dans votre cœur.

MADAME SIMÉONI.

Il suffit de voir monsieur pour partager les sentiments que vous avez pour lui.

MORELLI.

Madame...

ANGÉLA, à part.

Ciel ! ce jeune homme dont les regards se sont si souvent attachés sur moi !...

DUDLEY, à Angéla.

Je vous l'ai dit, ma chère Angéla : après vous, Morelli est ce que j'aime le plus au monde...

MORELLI, à part.

Quel rapport frappant !

DUDLEY, continuant.

Quand vous le connaîtrez, vous verrez qu'il mérite tout le bien que je pense de lui.

ANGELA.

Je suis persuadée, milord, que monsieur est digne de tout l'intérêt que vous lui portez.

MORELLI, à part.

Grands dieux!... c'est elle!

DUDLEY.

Eh bien! Morelli, t'avais-je trompé? Mon Angéla n'est-elle pas un modèle de grâces et de beauté?

ANGÉLA.

Milord, ces éloges...

DUDLEY.

Ne peuvent vous blesser; quand on possède tant de charmes, la louange est un tribut qu'on peut recevoir sans rougir... (à Morelli.) Comment! mon ami, toi, l'interprète le plus éloquent de la nature, tu n'es pas enthousiasmé!... Un joli visage te déconcerte à ce point?

MORELLI, à part.

Que je souffre!...

ANGÉLA.

L'embarras et le trouble de monsieur s'expliquent... Votre retour, la nouvelle d'événements qu'il était loin de prévoir, la vue de personnes étrangères, tout s'est réuni pour lui causer une vive émotion... Peut-être même pensait-il à quelque objet dont notre présence l'a détourné...

MORELLI.

Non, mademoiselle... Votre arrivée en ces lieux n'a rien changé à mes pensées.

DUDLEY, à Morelli.

Allons, mon ami, moins de contrainte. Je veux qu'il s'établisse entre vous une douce intimité... et pour y parvenir j'ai trouvé un excellent moyen. Prends tes pinceaux et retracenous ces traits charmants!... Il y a de quoi échauffer ta verve, enflammer ton imagination... Je reste près de toi d'ailleurs, et les inspirations de l'amour seconderont celles du génie.

MORELLI, à part.

Mon cœur se brise... (haut.) Vous voulez qu'en ce moment...

DUDLEY.

C'est un service qui te coûtera peu.

(Il dispose lui-même le chevalet.)

MORELLI, à part.

L'enfer est dans mon cœur!

ANGÉLA, à part.

Comme il paraît souffrir!... Et moi-même pourrai-je cacher l'émotion que j'éprouve en ce moment?... Ah! je crains d'interroger mon cœur.

SCÈNE VII.

LES MÊMES, BICHONI, s'approchant doucement de Morelli.

BICHONI.

Monsieur, je n'ai trouvé que la cage; la jeune colombe a pris sa volée... Mais entre nous je crois que ce n'est pas une grande perte... C'est une espèce d'aventurière... (à part, en apercevant Angéla.) Ah! mon Dieu! c'est ma colombe!... l'original du portrait que j'ai vu ce matin... Il était temps que je l'aperçusse... car j'aurais fini par dire quelques bêtises.

DUDLEY, à Morelli.

Allons, mon ami, tout est disposé... Mais qu'as-tu donc?... Quelle pâleur couvre ton visage?

(On entoure Morelli.)

BICHONI, à part.

Le fait est qu'il ne m'a jamais paru si blême.

DUDLEY.

Bichoni, vite du secours!

MORELLI.

Merci... merci, de vos soins généreux... Ce n'est rien... Mais j'aurais besoin d'être seul... Souffrez que je me retire...

DUDLEY.

Bichoni, ne quitte pas ton maître; je te le confie.

BICHONI.

Milord, il est entre bonnes mains; je ferai absolument comme pour moi.

MORELLI, à part, en sortant, soutenu par Bichoni.

Angéla! entre nous maintenant c'est l'éternité!... Demain, je quitterai ces lieux!

(Angéla le regarde sortir avec intérêt.)

SCÈNE VIII.

DUDLEY, ANGÉLA, MADAME SIMÉONI.

DUDLEY.

Ce cher Morelli! plusieurs fois déjà j'ai remarqué qu'une profonde tristesse s'emparait de lui tout à coup comme s'il était frappé de souvenirs pénibles...

ANGÉLA.

Mais, milord, n'avez-vous jamais cherché à connaître la cause de ses chagrins?

DUDLEY.

Je l'ai essayé vainement; peut-être serai-je plus heureux aujourd'hui, si vous voulez vous joindre à moi pour pénétrer son secret. (Mouvement d'Angéla.) Alors je pourrai me livrer avec joie aux apprêts de notre hymen.

ANGÉLA, à part.

Quoi! sitôt!...

DUDLEY, continuant.

Car je ne vous cacherai point qu'il me tarde que notre union vous mette à l'abri des poursuites de votre persécuteur.

ANGÉLA.

Quelle doit être sa fureur d'avoir vu s'évanouir ses coupables espérances!

MADAME SIMÉONI.

Je tremble qu'instruit de notre fuite il ne fasse de nouvelles tentatives pour troubler votre repos.

DUDLEY.

Il n'oserait pénétrer jusqu'ici.

ANGÉLA.

Vous ne le connaissez pas, milord. Haineux et vindicatif, il est capable de tout; il n'est pas d'asile assuré contre sa perfidie. Blessé dans son orgueil et plus encore dans ses intérêts, il ne me pardonnera jamais de m'être soustraite à sa tyrannie.

DUDLEY.

Rassurez-vous.

BERLINETTA, au dehors.

Par ici... par ici...

DUDLEY.

Qu'est-ce cela?

SCÈNE IX.

LES MÊMES, BERLINETTA, VILLAGEOIS, GENS DU CHATEAU.

BERLINETTA, tremblante.

Milord... c'est moi... et eux... Non, non, c'est eux et moi.

DUDLEY.

Je le vois bien.

BERLINETTA, continuant.

Qui désirons... qui, heureux... (à part.) Eh bien! je ne puis plus parler... C'est la première fois que ça m'arrive.

ANGÉLA.

Quelle est cette aimable enfant?

DUDLEY.

C'est la fille du concierge, la gentille Berlinetta...

BERLINETTA.

Précisément, milord... qui viens à la tête de tous les gens du château pour vous féliciter... de l'heureuse idée... que vous avez eue de revenir... et de revenir avec ces deux dames. Enfin, milord, vous comprenez?

DUDLEY.

Oui, je comprends que vous êtes tous contents de mon retour et que vous désirez le célébrer. Je souscris à vos désirs et je vous annonce qu'il y aura toute la nuit grande fête dans les jardins de cette villa. (se tournant vers Angéla.) Angéla voudra-t-elle y prendre part?

ANGÉLA.

Oui, milord. (à part.) En aurai-je la force?...

BERLINETTA, LES VILLAGEOIS et LES GENS DU CHATEAU.

Vive milord! vive mademoiselle Angéla!...

(Ici on voit paraître au fond, dans les jardins, un homme enveloppé dans un large manteau et ayant la tête presque entièrement cachée par un énorme feutre. Après avoir regardé pendant un instant, et avec la plus grande attention, les personnages qui sont en scène, il s'éloigne sans avoir été aperçu d'aucun d'eux.)

DUDLEY, à ses gens.

Allez vous préparer pour la fête. (à Angéla, en lui offrant la main.) Permettez-moi de vous accompagner jusqu'à votre appartement, puis je retournerai près de Morelli. J'espère le trouver assez bien pour qu'il puisse partager les plaisirs que nous promet cette heureuse journée.

ANGÉLA, à part.

Des plaisirs!... il n'en est plus pour nous.

TOUS.

Vive milord! vive mademoiselle Angéla!

(Ils sortent.)

SCÈNE X.

MORELLI, sortant de sa chambre, faible et abattu.

Ces cris, ces félicitations auxquels je devrais prendre part... Je n'ai pas été maître d'une première émotion... mais maintenant je serai calme devant Angéla... du moins j'essaierai de le paraître.

SCÈNE XI.

MORELLI, BICHONI.

BICHONI, accourant, et dans la plus grande agitation.

Ah! vous voilà, monsieur... Pardon...

MORELLI.

Que veux-tu?

BICHONI, avec effroi.

Regardez-moi, monsieur; je suis pour le moins aussi pâle que vous l'étiez tout à l'heure... et j'ai de plus le cœur aussi brûlant que la locomotive d'un chemin de fer.

MORELLI.

Pourquoi cette frayeur?

BICHONI, n'osant se retourner.

Monsieur, faites-moi donc le plaisir de me dire... si vous n'apercevez pas...

MORELLI.

Je ne vois rien. Explique-toi.

BICHONI.

Pas même un homme enveloppé dans un large chapeau, et la figure presque cachée par un manteau et d'énormes moustaches?

MORELLI.

Non, mille fois non. Mais cet homme dont tu parais redouter si fort la présence, quel est-il?...

BICHONI.

C'est mon épouvantail... ma bête noire... mon cauchemar enfin, mon ancien colonel. S'il me découvre, je suis arrêté, lié, garrotté, fusillé, ce qui veut dire enfoncé à perpétuité.

MORELLI.

Rassure-toi; nous te mettrons à l'abri de ses poursuites.

BICHONI.

Merci, monsieur; mais, je vous en prie, ne me donnez pas de commission au dehors... car je serais tout de suite dedans.

MORELLI.

Calme-toi... Cette terreur chez un soldat!...

BICHONI.

Oui, monsieur, un soldat... mais un soldat du pape.

MORELLI.

Ne t'éloigne pas.

BICHONI, s'asseyant.

Soyez tranquille, monsieur, je ne bougerai pas d'ici.

MORELLI.

Je vais retrouver Dudley. Une trop longue absence l'inquiéterait et pourrait éveiller les soupçons. Puisse-t-il n'apprendre jamais quel feu dévore mon âme!...

(Il sort.)

SCÈNE XII.

BICHONI, seul.

A présent que je suis seul, je puis bien me l'avouer à moi-même : voilà la peur qui me regalope... De la fenêtre de cette chambre (Il désigne celle de droite.) il m'a bien semblé le reconnaître... Serait-ce un jeu bizarre de mon imagination fantastique... et naturellement craintive?... On dit que les poltrons vivent longtemps; mais si l'ombre de ce maudit homme, qui d'un mot pourrait me faire fusiller, m'apparaît encore, la peur me tuera; c'est sûr!

(En disant ces derniers mots il tourne la tête du côté du jardin, et il voit le même personnage mystérieux que l'on a aperçu à la fin de la scène neuvième.)

SCÈNE XIII.

BICHONI, L'INCONNU.

(L'inconnu, placé au dehors, reste immobile, les yeux fixés sur Bichoni, qui n'ose faire un pas.)

BICHONI, à part.

Ah! pour cette fois, c'est bien à moi qu'il en veut... ce n'est pas une ombre... Pourquoi mon maître m'a-t-il laissé seul?... J'ai tant de courage quand je suis plusieurs! (Il tourne un peu la tête pour voir si l'inconnu est toujours là; celui-ci, par un geste impératif, lui ordonne de venir à lui. A part, et tremblant de tous ses membres) Oh! pas de doute... c'est bien à moi qu'il en veut. (haut.) Me voilà... tout de suite, mon colonel... tout de suite... je suis à vous... (à part, se dirigeant très lentement vers le fond.) Il ne faut pas qu'il s'attende pourtant que je vais courir après lui.

ACTE DEUXIÈME.

Un jardin, fermé au fond par un mur au milieu duquel est une petite porte. A droite du spectateur est un pavillon. A gauche, un banc de gazon, auprès, un arbre.

SCÈNE I.

BICHONI, seul.

(Au lever du rideau, il est en scène et revêtu de son uniforme, qui lui est trop étroit. L'ensemble de son costume doit être grotesque.)

Mon ancien colonel qui tombe ici comme une bombe et qui m'ordonne de venir l'attendre dans cette partie écartée du parc pour causer, dit-il, avec moi. Je me serais fort bien passé de la conversation. A tout événement, je me suis mis en grande tenue; j'ai mon idée, d'ailleurs... C'est dommage que, depuis que j'ai quitté le service du pape, je sois si considérablement engraissé! sans cette énorme corpulence que j'ai maintenant, mon uniforme m'irait comme un gant. Mais que me veut ce maudit caffard, ce damné sournois de colonel? Je crains de le deviner. Il veut me faire fusiller d'abord... je ne sais pas ce qu'il fera de moi ensuite; mais cette pensée me donne le frisson des pieds à la tête. Pauvre Bichoni! adieu tous les projets de bonheur... Plus de Berlinetta, plus de noce, plus de bal... Ah! si, des balles dans la poitrine; mais celles-là me feront drôlement sauter. Il faut convenir aussi que je suis bien bon enfant d'être venu à ce rendez-vous. Pourquoi cette soumission aux ordres d'un individu qui, au bout du compte, est de la même pâte que moi? Il est colonel, c'est vrai; mais il n'en a pas moins un appétit dévorant quand il est resté trente-six heures sans manger... il ne dort pas les yeux ouverts, et il ne grelotte pas quand il y a vingt-cinq degrés de chaleur!.. Si je me rébellionnais!... Ne suis-je pas né libre comme tous les autres animaux de la création? Mais non; toute réflexion faite, il vaut mieux le prendre par la douceur. Montons donc sur cet arbre, et attachons-y ce mouchoir; il verra que je suis au rendez-vous et il viendra se ranger sous mon drapeau... Ah! mon Dieu! j'aperçois Berlinetta... Et vite, vite... (Il monte sur l'arbre et attache le mouchoir à une branche.) Ne me voyant pas, elle décampera pour me chercher ailleurs, et c'est tout ce que je demande. Elle me gênerait dans mon entrevue avec mon colonel... Je l'aime bien, la petite, mais je m'aime mieux encore.

SCÈNE II.

BICHONI, sur l'arbre; BERLINETTA, arrivant par la gauche.

BERLINETTA, regardant autour d'elle.

Personne!... Allons, il est écrit que je ne le trouverai pas! Est-ce que, semblable à l'oiseau du bocage, l'approche du printemps lui aurait fait prendre sa volée?

BICHONI.

Bon! voilà qu'elle me compare à un oiseau! Le fait est que je suis sur la branche.

BERLINETTA.

On a parlé... (apercevant Bichoni.) Eh! je ne me trompe pas!... c'est lui!... c'est vous!... c'est toi!

BICHONI.

Je ne puis le dissimuler.

BERLINETTA.

Que faites-vous donc là-haut?

BICHONI, embarrassé.

Je fais... fais... une commission.

BERLINETTA.

Une commission!... et habillé de la sorte?

BICHONI.

Je me trompe... je passe la revue.

BERLINETTA.

Descendez bien vite, je vous prie, et dites-moi pourquoi vous avez pris cet uniforme?

BICHONI, après être descendu de l'arbre.

Voilà ce que c'est. Il y avait longtemps que je n'avais endossé le susdit habit, et craignant qu'il ne se mangeât aux vers, je lui ai fait prendre l'air sur cet arbre où tu m'as vu.

BERLINETTA.

Ah! tu me rassures... Ah! çà, je te cherchais parce qu'il y a grande fête ici toute la nuit, que je suis très jalouse, et que je veux faire mes conventions avec toi.

BICHONI, à part.

Je vais souscrire à toutes, afin qu'elle s'en aille plus vite.

BERLINETTA.

D'abord, tu ne danseras qu'avec moi.

BICHONI.

Certainement... (à part.) à moins que mon colonel ne me retienne pour une autre contredanse.

BERLINETTA.

Tu ne riras avec personne.

BICHONI.

C'est convenu... (à part.) avec ça que j'en ai pas la moindre envie.

BERLINETTA.

Enfin, tu n'auras des yeux que pour Berlinetta.

BICHONI.

Sans doute... (à part.) si toutefois le ciel me les conserve.

BERLINETTA.

C'est bien. Maintenant je cours à ma toilette.

BICHONI.

Oui, oui, allez vite; vous n'avez pas une minute à perdre. J'irai vous prendre pour ouvrir le bal.

BERLINETTA.

Au revoir, mon petit Bichoni... Que je suis heureuse d'aimer un si joli garçon!...

(Fausse sortie.)

BICHONI, à part.

Elle est connaisseuse, tout de même.

BERLINETTA, revenant.

Et qui meurt d'amour pour moi.

(Fausse sortie.)

BICHONI, la croyant partie.

Enfin!...

BERLINETTA, revenant.

Tâchez donc que notre mariage se fasse bientôt; car je brûle d'en finir.

(Elle sort par la gauche.)

SCÈNE III.

BICHONI, seul.

Dieu veuille qu'elle n'en finisse pas sans moi! ce qui arrivera indubitablement si mon colonel m'expédie une feuille de route pour l'autre monde... Ce serait dommage; je me trouve si bien dans celui-ci !

(Pendant ce monologue, l'inconnu que l'on a vu au premier acte est entré par la petite porte du fond. Il s'approche de Bichoni et lui frappe sur l'épaule.)

SCÈNE IV.
BICHONI, STRALZO.

BICHONI, bondissant de frayeur.
Ah !...

STRALZO.
Es-tu seul ?

BICHONI.
Absolument seul !... (à part.) avec une peur qui me coupe la respiration.

STRALZO.
Tu sais ce qui m'amène?

BICHONI.
Pas le moins du monde, colonel. (à part.) Je ne m'en doute que trop.

STRALZO.
Depuis plusieurs mois tu as déserté.

BICHONI, à part.
Nous y voilà! (haut.) Ah! si on peut dire ça... Regardez-moi donc, colonel; ai-je l'air d'un déserteur? Un déserteur est un être essentiellement vicieux, tandis que moi je suis vertueux des pieds à la tête; sa figure est atroce, et la mienne est des plus agréables; il porte d'énormes moustaches, et je vous défie de m'en trouver même l'apparence d'une... son costume est ordinairement des plus bizarres, moi je suis habillé selon l'ordonnance des soldats du pape; enfin il est armé jusqu'aux dents; moi, je n'ai que ce pacifique briquet dont la lame est encore vierge, je puis vous le jurer... Vous voyez donc bien qu'entre un déserteur et Bichoni il n'y a pas la plus petite ressemblance.

STRALZO.
Malheureux! n'as-tu pas quitté tes drapeaux ?

BICHONI.
Oh! pour ça, c'est vrai... mais je savais bien où les retrouver si l'envie m'en prenait. Au surplus, colonel, voici comment la chose s'est passée. J'avais besoin de respirer le grand air, de voyager enfin; je demande une permission, on me la refuse. Je dis : Bon, si on pouvait me la refuser encore une fois, ça ferait parfaitement mon affaire. Je la redemande, et on me la *rerefuse;* or, comme dans tous les pays du monde deux négations valent une affirmation, j'ai cru, en quittant le régiment, que j'étais dans mon droit, et que mon capitaine seul était dans son tort.

STRALZO.
Le conseil de guerre n'a pas pensé comme toi; il t'a condamné à mort par contumace, et si je le veux, dans une heure tu n'existeras plus.

BICHONI, à part.
Merci !

STRALZO.
Mais j'ai réfléchi que ta mort ne servirait pas à grand' chose.

BICHONI, vivement.
A rien du tout, colonel. Je vous jure que ça ne ferait pas la plus petite sensation dans le pays.

STRALZO.
Et je t'offre ta grâce.

BICHONI.
Que j'accepte avec empressement, colonel.

STRALZO.
Mais, à une condition.

BICHONI.
Mettez-en mille... je les remplirai toutes.

STRALZO.
Lord Dudley est revenu ce matin dans cette villa, accompagné de deux dames...

BICHONI.
Une vieille et une jeune.

STRALZO.
L'une d'elles est charmante...

BICHONI.
C'est la plus jeune.

STRALZO.
Eh bien! de celle-là dépend mon repos, mon bonheur, et il faut que cette nuit même, pendant la fête, tu m'aides à l'arracher des mains de mon odieux rival. Ta grâce est à ce prix.

BICHONI.
Un enlèvement!... diable!

STRALZO.
Tu hésites?

BICHONI, vivement.
Du tout, du tout, colonel... votre affaire devient la mienne... A la vérité, milord y perdra une femme, mais il en trouvera une foule d'autres, tandis que moi je ne retrouverais jamais une tête qui m'allât aussi bien que celle-ci... Une seule chose me chagrine.

STRALZO.
Explique-toi.

BICHONI.
C'est mon pauvre maître, un jeune peintre, nommé Morelli. Il aime en secret mademoiselle Angéla, et quoique devenue la femme de son ami, il aurait pu, peut-être... Vous comprenez? Mais après ce départ il ne lui restera aucun espoir, et je crains bien que le coup qui frappera l'un ne tue l'autre.

STRALZO.
Tu crois! (à part.) Heureuse découverte! si je pouvais... Quelle idée !... Oui, ma vengeance n'en sera que plus terrible.

BICHONI, à part.
Pourvu que cet aveu ne change pas ses bonnes intentions à mon égard!

STRALZO, à part.

C'est cela; Dudley éprouvera le chagrin de perdre l'objet de son amour et de se voir trahi par l'homme qu'il affectionne le plus au monde. (haut.) Bichoni!

BICHONI.

Présent.

STRALZO.

Va dire à ton maître que je désire lui parler sur-le-champ.

BICHONI.

J'y cours... Faudra-t-il vous nommer?

STRALZO.

C'est inutile. Annonce-lui seulement que c'est une personne qui prend le plus vif intérêt à sa position... Va.

BICHONI, à part.

L'aimable homme que mon colonel! Il prend intérêt à toutes les positions. Il m'a vraiment mis du baume dans le sang, et je vois avec plaisir mon existence assurée... au moins pour quelque temps.

(Il sort par la droite.)

SCÈNE V.

STRALZO, seul.

Morelli amoureux d'Angéla! Cette passion, dans une tête d'artiste, doit servir merveilleusement mes projets. Je flatte son penchant, et malgré l'amitié qu'il porte à Dudley, l'espoir de posséder la femme qu'il aime, espoir que je tromperai, le déterminera à l'arracher de ces lieux... Angéla, tu as dédaigné mon cœur, refusé ma main, et oubliant tout ce qu'une jeune personne se doit à elle-même, tu as fui ma présence pour te mettre sous la protection d'un noble et riche étranger dont tu crois devenir l'épouse... As-tu donc pensé que je courberais la tête sous le poids de tant d'humiliations?... Ah! tous les deux vous connaîtrez bientôt celui que vous avez osé braver! J'ai trouvé contre vous, ici, de puissants auxiliaires: la peur et l'amour.

SCÈNE VI.

STRALZO, MORELLI, BICHONI.

BICHONI, à Morelli.

Venez, monsieur... (lui désignant Stralzo.) Voici la personne.

MORELLI.

Vous avez, m'a-t-on dit, monsieur, un secret à me confier, une proposition à me faire?

STRALZO.

Il est vrai.

MORELLI, à Bichoni.

Laisse-nous.

STRALZO.

Il peut rester.

BICHONI.

Bien de l'honneur, certainement.

(Il se retire un peu au fond.)

STRALZO.

Ce que j'ai à vous dire va bien vous étonner, monsieur Morelli; mais lorsque vous me connaîtrez mieux, vous rendrez justice à la pureté de mes intentions.

MORELLI.

Qui êtes-vous, monsieur?

STRALZO.

Le colonel Stralzo.

MORELLI, à part.

L'oncle d'Angéla... son persécuteur!... Le misérable!... Mais contenons-nous... (haut.) Qui vous amène... que voulez-vous?

STRALZO.

Votre bonheur!

MORELLI, avec dédain.

Ce mot dans votre bouche a tout lieu de me surprendre, et je ne m'explique pas...

STRALZO, l'interrompant.

Je vais droit au fait. Un amour violent s'est emparé de votre âme...

MORELLI.

Monsieur...

STRALZO.

Vous voudriez en vain le nier...

BICHONI, à part.

Je suis sûr qu'il a deviné ça à sa figure renversée et à la confidence que je lui en ai faite tout à l'heure.

STRALZO.

Et la femme que vous aimez, c'est Angéla!

MORELLI, étonné.

Qui a osé vous dire...

STRALZO, montrant Bichoni.

Cet homme, dont l'indiscrétion, loin d'éveiller mon courroux, a mérité votre reconnaissance et la mienne.

MORELLI.

Je ne vous comprends pas.

STRALZO.

Vous allez me comprendre... Oui, Morelli, je vais me montrer à vous sans feinte, sans détours, dans toute la franchise d'un soldat. Ce que je veux faire pour vous ce n'est pas l'amitié qui me l'inspire: il n'y a qu'un moment, je ne vous connaissais encore que de nom; mais ce nom est sans tache, mais ce nom est illustré par un beau talent, et vous allez servir ma vengeance.

MORELLI.

Votre vengeance?... Moi!

STRALZO.

Au prix d'un trésor. J'ai sur ma nièce les droits d'un père, et j'ai juré que jamais elle n'appar-

ACTE II, SCÈNE VI.

tiendrait à Dudley, à cet odieux étranger qui, après l'avoir soustraite à mon juste pouvoir, m'a poursuivi lâchement de ses impures calomnies et m'a rendu la fable de l'Italie. Plutôt que de voir Angéla entre ses bras, je la poignarderais moi-même. N'a-t-il pas osé dire que j'aspirais à sa main, mais que cet amour prétendu n'en voulait qu'à sa fortune?

MORELLI.
Eh bien?

STRALZO.
Eh bien! un seul mot, un seul fait détruira ce mensonge. Dudley est le seul obstacle qu'un destin funeste oppose à votre amour... Si vous aimez Angéla comme elle mérite d'être aimée, unissez votre amour à ma haine ; que Dudley perde sans retour le trésor qu'il m'a ravi, qu'Angéla rentre sous ma tutelle, et je vous nomme son époux.

MORELLI.
Qu'entends-je? (à part.) Le perfide!... Ah! si je n'écoutais qu'un juste courroux... (haut.) Quoi! monsieur, vous voulez que, trahissant le sentiment le plus noble, l'amitié, j'enlève Angéla à Dudley, et que j'achète ainsi ma félicité aux dépens de la sienne? Vous ignorez donc qu'une reconnaissance égale nous unit l'un à l'autre, et qu'entre nous c'est à la vie et à la mort?... Oui, j'aime Angéla... je l'aimais avant de savoir que milord l'avait choisie pour épouse... mais plutôt cent fois la perdre que de l'obtenir par une lâcheté!

BICHONI, à part.
Voilà de beaux sentiments ; c'est dommage que ça ne mène à rien.

STRALZO.
Certes, cette générosité fait l'éloge de votre cœur... mais l'amitié a ses bornes. D'ailleurs, vous sacrifieriez à Dudley le bonheur de votre vie sans assurer le sien ; car, je vous le répète, jamais, non, jamais, tant que je vivrai, du moins, Dudley ne sera l'époux d'Angéla. Secondez mes projets et elle est à vous.

MORELLI, à part.
Ses projets!... il faut les connaître et les déjouer... Opposons la ruse à la ruse ; autrement Angéla et Dudley ont tout à craindre.

STRALZO, à part.
Il paraît se consulter... il hésite. (haut.) Eh bien! monsieur ?

MORELLI.
Je réfléchissais... En effet, vos droits sont sacrés.

STRALZO.
Ils deviennent les vôtres.

MORELLI.
Mais ces projets que je dois seconder, quels sont-ils ?

STRALZO, vivement.
Vous allez les connaître. Je puis aujourd'hui même forcer ma nièce à abandonner cette villa, soit en employant la violence, soit en ayant recours à la ruse. Écoutez bien.

MORELLI, vivement intrigué.
Je ne perds pas un mot, monsieur.

STRALZO.
J'ai écrit à Angéla sous le nom de Fierobaldi, ancien compagnon d'exil de son père, qui, revenu secrètement à Naples, veut lui remettre un dépôt précieux qui lui fut confié par le comte Stolino avant de mourir. Il lui demande un rendez-vous pour cette nuit et dans cette partie éloignée du parc; car s'il était découvert il serait perdu. Angéla, dont il fut l'ami d'enfance, viendra ; je serai là, et il nous sera facile de nous emparer d'elle.

MORELLI.
Et si elle ne vient pas?

STRALZO.
Oh! alors, j'agirai ostensiblement. Le juge royal, dont j'ai réclamé l'appui, connaît mes droits ; il les approuve. Je me présenterai au château avec le chef de police, et il faudra bien que ma nièce me soit rendue.

MORELLI.
Le chef de police! Un éclat! Songez-y bien, monsieur, il y a grand monde à la villa; vous éprouverez une vive résistance.

STRALZO.
Non ; nous agirons au nom de la loi.

MORELLI.
Mais le scandale?

STRALZO.
Il dépend de vous de l'éviter.

MORELLI.
Comment ?

STRALZO.
En acceptant ma proposition. Feignez d'être dans la confidence de Fierobaldi, et offrez à Angéla de l'accompagner ce soir dans le parc, pendant la fête. Si elle a conçu quelques soupçons sur ma lettre, votre offre les dissipera, et elle volera près de l'ami de son père. Sa main, je vous l'ai dit, deviendra votre récompense.

MORELLI, à part.
Cruelle position! Mais il n'y a pas un instant à perdre pour le mettre dans l'impossibilité d'exécuter cette fatale entreprise. (haut.) Vous l'emportez, monsieur ; l'espoir dont vous flattez mon amour triomphe de ma résolution. Je cède à la passion qui m'entraîne. Je consens à devenir coupable pour posséder Angéla.

STRALZO, à part.
Il est à moi !

MORELLI, de même.
Il donne dans le piége.

BICHONI, à lui-même.
Enfin il a cédé! Moi, je ne me serais pas fait si longtemps prier pour posséder une jolie femme.

STRALZO.

Je vois avec plaisir que vous revenez à la raison. Je vous laisse... Je compte sur votre parole... A dix heures.

MORELLI.

A dix heures !

STRALZO.

Adieu donc ! Vous savez quelle récompense vous attend ?

MORELLI, à part, tandis que Stralzo sort par la petite porte du fond.

Traître ! tu ne te doutes pas de celle que je te réserve !

(Le jour baisse.)

SCÈNE VII.

MORELLI, BICHONI.

MORELLI, à lui-même.

Si elle vient à ce fatal rendez-vous, elle est perdue, ou il faudra du sang... Ah ! tout le mien pour elle ! (haut.) Bichoni, où est milord ?

BICHONI.

Dans les environs, où il fait des invitations pour la fête qu'il donne cette nuit.

MORELLI.

Absent !... N'importe, j'agirai seul. Reste là... attends-moi.

(Il entre précipitamment dans le pavillon.)

SCÈNE VIII.

BICHONI, seul.

Ah ! çà, je n'y comprends plus rien. Il étale d'abord de grands sentiments avec mon colonel, puis il accepte ses propositions, et maintenant il paraît furieux contre lui... Ah ! je vois ce que c'est... mademoiselle Angéla lui tourne la tête. Mais comment tout cela finira-t-il ? Ma foi ! je l'ignore. Tout ce que sais, c'est que, grâce à monsieur Stralzo, je ne serai ni fusillé ni soldat, et cela m'arrange ; car je ne trouve pas de plus sot métier que celui où il faut se faire tuer pour gagner sa vie.

(Il fait nuit.)

SCÈNE IX.

BICHONI, MORELLI, tenant une paire de pistolets qu'il dépose sur le banc de gazon.

MORELLI.

Bichoni, retourne au château sans perdre une minute, et dis à Angéla de ne pas quitter son appartement et de bien se garder, surtout, d'aller au rendez-vous qui lui a été assigné pour cette nuit dans le parc... Ajoute qu'il y va du repos de sa vie entière... Puis, cours sur les traces de milord, tâche de le rejoindre, et remets-lui ce billet. (Il lui donne un papier.) Pars, vole, et crève, s'il le faut, deux chevaux.

BICHONI.

Crever deux chevaux ! moi qui n'en ai jamais enfourché un seul ! Non-seulement je vais risquer de me briser la tête, mais je crains encore de compromettre diablement mon centre de gravité.

MORELLI.

Point de réflexion ! Pars, te dis-je.

BICHONI, à part.

Pars... c'est facile à dire... mais de quel côté ? Allons trouver le cheval, et Dieu veuille qu'il soit plus intelligent que moi.

(Il sort par la droite.)

SCÈNE X.

MORELLI, seul.

Je pouvais, en divulguant l'infâme conduite de Stralzo, le faire saisir par les gens de Dudley ; mais ce moyen eût été indigne de moi... Ah ! jamais Morelli ne fut plus heureux qu'en ce moment : il va sauver une femme qu'il aime et punir une perfidie... Il viendra, croyant me trouver avec sa victime, mais il me trouvera seul et prêt à laver dans son sang l'outrage fait à mon ami et à celle qu'il croit que je vais lâchement lui livrer. Dudley, Angéla, puisse votre bonheur, dont je ne me sens pas le courage d'être le témoin, me dédommager des sacrifices que je fais en ce jour... Mais l'heure approche... Malheur à toi, Stralzo !... je te forcerai à te défendre, ou je te tuerai... Puis je quitterai pour jamais ces lieux... ou, si je tombe sous les coups d'un traître, j'emporterai du moins en mourant les regrets de tout ce que j'ai de plus cher au monde... Mais j'entends des pas... quelqu'un vient de ce côté... (regardant.) Ciel !... Angéla !

(Le théâtre est éclairé par la lune.)

SCÈNE XI.

ANGÉLA, entrant par la gauche ; MORELLI.

MORELLI.

Vous ici, madame !.. Mais vous n'avez donc pas vu Stralzo ?

ANGÉLA, dans la plus grande agitation.

C'est parce que je l'ai vu que j'accours près de vous pour éclaircir le doute affreux dont mon âme est saisie. Pourquoi cet avertissement que

vous m'avez fait donner? pourquoi ce billet que vous envoyez à votre ami?
MORELLI.
Ce billet!... Eh quoi! l'auriez-vous lu?
ANGÉLA.
Oui, je l'ai lu, et il m'a glacée d'effroi. De quel danger suis-je donc menacée, pour que vous hâtiez ainsi le retour de milord, et que signifient les sinistres adieux que vous lui adressez? Ah! parlez, parlez, Morelli! Ne voyez-vous pas que votre silence me tue?
MORELLI.
Calmez-vous, madame; alors qu'il est connu, un danger n'est plus à craindre. Je 'saurai vous garantir des coupables entreprises de Stralzo.
ANGÉLA.
Stralzo! Comment, il oserait encore...
MORELLI.
Et que n'oserait-il pas pour vous avoir une seconde fois en sa puissance? Cette lettre que vous avez reçue au nom de Fierobaldi, ce rendez-vous que l'on vous donne, tout cela n'est que mensonge, perfidie... C'est un piége tendu par Stralzo à votre crédulité, afin de vous attirer seule en ce lieu même et de s'emparer de votre personne.
ANGÉLA.
Le monstre! Mais comment avez-vous pu connaître?...
MORELLI.
De grâce, madame, ne m'interrogez pas.
ANGÉLA.
Du mystère!... me cacheriez-vous aussi le motif de votre brusque départ?
MORELLI.
Je dois vous le cacher également, madame. Tout ce que je puis vous dire, c'est que ce départ est nécessaire.
ANGÉLA.
Qu'entends-je? Et c'est en son absence que vous voulez frapper milord d'un coup si funeste! Qui peut vous forcer à fuir un homme avec lequel vous êtes uni depuis longtemps de la plus étroite amitié?
MORELLI.
C'est cette amitié qui me contraint à fuir. Sachez que je ne pourrais rester maintenant en ces lieux sans me rendre coupable, et qu'un mot de plus changerait peut-être en haine l'intérêt que vous me témoignez en ce moment.
ANGÉLA.
Quel étrange discours! Que voulez-vous dire, monsieur Morelli?
MORELLI.
N'allez-vous pas bientôt lier votre sort à celui de Dudley?
ANGÉLA.
Oui; la raison m'en fait une loi, la reconnaissance un devoir. Voyez-moi, seule, exposée aux coups de Stralzo... Que deviendrai-je?

MORELLI.
Quoi! nul autre sentiment que le devoir et la reconnaissance?...
ANGÉLA.
Nul autre... Et sans lui, peut-être, n'eussé-je pu accepter... (vivement.) Mais j'ai su me vaincre; j'ai dû écouter sa voix... Et la reconnaissance et le devoir n'imposent-ils pas des lois que vous-même devez respecter?
MORELLI.
Les respecter! lorsque vous ne me parlez que de devoir, de reconnaissance! quand je vois que l'amour n'est pour rien dans les liens que vous allez former! lorsque vous venez de déchirer le voile qui me cachait la vérité! lorsque chacune de vos paroles retentit jusqu'au fond de mon âme! lorsque la vue de tant de charmes m'enivre! lorsqu'enfin, seul avec vous, je puis vous avouer que je vous aime.
ANGÉLA.
Vous m'aimez?
MORELLI.
Oui, Angéla, je vous aime! je vous aime de tout l'amour que peut ressentir un cœur brûlant comme le mien, de tout l'amour que peut éprouver un homme né sous le ciel ardent de l'Italie... Mais le devoir a imposé silence à l'amour. Je n'avais pas lu dans votre cœur, et vous conserver à Dudley a été jusqu'ici mon unique pensée... Oui, puisqu'il faut vous l'avouer, j'avais résolu de m'éloigner, ne voulant pas être témoin d'un hymen qui me rendait seul à plaindre.
ANGÉLA.
Seul à plaindre? Avez-vous pu le penser, Morelli?
MORELLI.
Ciel! qu'entends-je?... Que dites-vous?... Ah! cet aveu me rend au bonheur!
ANGÉLA.
Qu'ai-je fait?... qu'ai-je dit?... Fuyez, fuyez, Morelli. J'approuve votre projet... Deux cœurs qui souffrent finissent toujours par s'entendre... Oui... oui.. fuyez... fuyez!
MORELLI.
Fuir! quand je suis aimé d'Angéla! Oh! merci, mon Dieu! à toi aussi, femme adorée, merci! C'est la joie, c'est la félicité que tu me donnes. Tes douces paroles sont un arrêt du destin: tu seras à moi.
ANGÉLA, voulant fuir.
Ah! laissez-moi... laissez-moi...
MORELLI.
Ne l'espère pas. Un seul mot de toi vient de rallumer dans mon cœur une passion qui va jusqu'au délire. Depuis que je sais que tu partages mes sentiments, un espoir imprévu a bouleversé mon être, changé toutes mes résolutions. Tout à l'heure encore je serais sorti victorieux d'une lutte dans laquelle le devoir devait triompher: mais tu es venue, j'ai connu le secret de ton

cœur, j'ai succombé, et désormais, je le jure, Angéla et Morelli sont inséparables.

ANGÉLA.

Ah! rétractez ce serment que le ciel réprouve!

MORELLI.

Que m'importe! dût l'enfer lui-même l'accepter! Tu m'aimes, et pour te posséder je ne connais plus d'amis, plus de remords... Tu seras la femme de Morelli.

ANGÉLA.

Quoi! lorsque Dudley a reçu mes serments?

MORELLI.

Tu viens aussi de recevoir le mien, et celui-là est écrit en lettres de sang!

ANGÉLA.

Vous me faites frémir.

MORELLI.

Angéla, il faut me suivre à l'instant même.

ANGÉLA.

Jamais! jamais!

MORELLI.

Notre sort est commun. Je connais tes sentiments pour moi, et maintenant tous les deux nous sommes indignes de Dudley... nous ne devons plus le revoir. (Il veut l'entraîner.) Viens, viens!

ANGÉLA, se débattant.

Oh! pitié! pitié!

(Morelli l'entraîne vers la petite porte du fond; Stralzo paraît.)

SCÈNE XII.

LES MÊMES, STRALZO.

ANGÉLA, effrayée.

Stralzo!... Ah! Morelli, ne me quittez pas!

STRALZO, à Morelli.

Exact au rendez-vous. Bien, Morelli.

MORELLI.

Oui, exact au rendez-vous; mais ne crois pas que ce soit pour te livrer Angéla.

STRALZO.

Quel discours!... Angéla est ma nièce; je lui ordonne de me suivre.

MORELLI.

Misérable! viens donc l'arracher de mes bras

STRALZO, tirant son épée.

C'est ce que je vais faire.

(Il se dispose à fondre sur Morelli.)

MORELLI, sautant vivement sur les pistolets qu'il a déposés sur le banc de gazon, et menaçant Stralzo.

Tu te trompes, Stralzo. Un pas de plus, et tu es mort.

STRALZO, s'arrêtant.

Trahison!

MORELLI.

Maintenant, ta vie ou la mienne. (lui donnant un pistolet.) Défends-toi.

ANGÉLA, éperdue.

Au secours! au secours!

(Elle se dirige du côté du pavillon; mais arrivée là, ses forces l'abandonnent et elle tombe évanouie.)

STRALZO, à Morelli.

Ah! tout ton sang pour laver cette offense!

(Ils font feu en même temps, et tous les deux sont blessés. On entend du bruit au dehors.)

MORELLI, poussant un cri.

Ah!

STRALZO.

Je suis blessé... mais ma blessure double ma rage... Angéla sera à moi.

(Il se dirige vers elle.)

MORELLI, lui barrant le passage et le menaçant de la crosse de son pistolet.

Il me reste assez de force pour te la disputer encore.

(Le bruit se rapproche et Stralzo se sauve. Morelli vient tomber sur le banc de gazon.)

STRALZO, à part.

O malheur! Il me faut fuir, si je ne veux tomber vivant entre leurs mains!

(Il sort précipitamment.)

SCÈNE XIII.

ANGÉLA, évanouie, MORELLI, DUDLEY, MADAME SIMÉONI, BERLINETTA, BICHONI, VILLAGEOIS, DOMESTIQUES portant des torches allumées.

DUDLEY.

Que vois-je?... Morelli blessé... Angéla évanouie! (aux domestiques.) Vite, dans ce pavillon... donnez-lui les premiers secours. (aux villageois.) Et vous, battez le parc et les environs, et emparez-vous de ce misérable qui n'a pas craint de pénétrer jusqu'ici pour assouvir sa vengeance. (allant à Morelli, et le pressant dans ses bras.) Ah! mon ami, que ne te dois-je pas encore!

ACTE TROISIÈME.

Un salon élégamment meublé. Le fond du théâtre est fermé par une riche portière ; des portes latérales conduisent aux appartements : des candélabres et des flambeaux garnis de bougies allumées éclairent le théâtre.

SCÈNE I.

MORELLI, BICHONI.

(Ils sont en scène au lever du rideau.)

BICHONI, pansant son maître.

Mon pauvre maître ! combien vous devez souffrir !

MORELLI, pâle, abattu, faisant comprendre qu'il souffre moralement.

Oh ! oui, je souffre horriblement !

BICHONI.

Comme c'est imprudent aussi de se servir d'armes avec lesquelles on peut se blesser... Ça ne m'arrivera jamais, à moi.

MORELLI, à lui-même.

Stralzo !... Stralzo !... tu as apporté en ces lieux le désespoir et la mort.

BICHONI, à part.

Je ne sais pourquoi, mais il a l'air d'en vouloir à mon colonel, à qui je n'en veux pas du tout... Il s'est très bien conduit avec moi... Est-ce qu'il serait la cause ?... Oh ! non, ça n'se peut pas.

MORELLI, à part.

Et Dudley que j'ai trahi... Comment oser maintenant le regarder en face ?

BICHONI.

Voici milord.

SCÈNE II.

LES MÊMES, DUDLEY.

DUDLEY, à Morelli.

Ah ! te voilà, le plus cher, le plus dévoué des amis !.. Ta blessure ?...

MORELLI.

Ce ne sera rien.

DUDLEY.

Cet espoir adoucit un peu les tourments que j'éprouve. Juge de mon inquiétude ; Angéla n'a point encore retrouvé l'usage de ses sens ; jusqu'à présent même, son état n'avait pas permis qu'on la conduisît à son appartement.

MORELLI, avec intérêt.

Il se pourrait !

DUDLEY.

Cependant je viens de donner des ordres pour qu'on l'y transportât, persuadé que les soins dont nous saurons l'entourer la rendront plus vite à l'amitié !... à l'amour !... On l'amène.

(Il va au-devant d'Angéla, qui paraît pâle et abattue, soutenue par madame Siméoni et Berlinetta. Plusieurs domestiques suivent.)

SCÈNE III.

DUDLEY, MORELLI, ANGÉLA, MADAME SIMÉONI, BICHONI, BERLINETTA, DOMESTIQUES.

MORELLI, à part.

O ciel ! que faire ?... Si je m'éloigne trop brusquement, j'éveille les soupçons... si je m'offre à sa vue, l'étonnement que lui causera ma présence en ces lieux peut aussi amener la découverte de ma trahison... Horrible situation !...

BICHONI, à part, en regardant Angéla.

Pauvre petite femme !... elle ne parle pas !...

MORELLI, à part, en voyant Angéla.

Quelle affreuse pâleur !... Si la mort !... Ah ! cette idée me fait frémir !

MADAME SIMÉONI, à Dudley.

Milord, il y a de l'espoir... son cœur bat avec violence !

BERLINETTA.

Cette crise va cesser.

DUDLEY, à Morelli.

Enfin, elle nous est rendue !... (à part.) O mon Dieu ! je te remercie ; tu n'as pas permis qu'elle succombât à sa douleur !

MADAME SIMÉONI, à part.

Puissent quelques paroles qui lui sont échappées déjà ne pas tromper ses espérances !

DUDLEY, à Angéla.

Angéla ! reviens à toi ; ici tu n'es entourée que d'amis fidèles !

MORELLI, à part.

D'amis fidèles !

ANGÉLA, ouvrant les yeux avec peine et les refermant aussitôt.

Dudley !... Morelli !...

DUDLEY, à madame Siméoni et à Berlinetta.

Allez, allez, mes amis : profitez du mieux qu'elle éprouve, et prodiguez-lui tous vos soins ; tout à l'heure je vous rejoindrai.

(Angéla est conduite à son appartement par madame Siméoni et Berlinetta ; Bichoni et les autres domestiques sortent avec elles.)

SCÈNE IV.

DUDLEY, MORELLI.

DUDLEY, à Morelli.

Ah! mon ami, quelle est ma joie!... Toute crainte a cessé, et Angéla, au moment où ses souvenirs, sans doute, lui ont permis d'exprimer sa reconnaissance, n'a pas oublié de mêler ton nom au mien... Mais que d'événements dans la même journée. Conçois-tu Stralzo? Un homme perdu, dépravé, oser pénétrer jusque chez moi pour enlever sa nièce!... Je n'aurais jamais cru que l'on osât pousser si loin l'audace.

MORELLI, vivement.

Qu'est-il devenu?

DUDLEY.

A notre approche, il a pris la fuite; mais on a remarqué la direction qu'il a prise; mes gens le poursuivent, et bientôt, je l'espère, je pourrai le livrer aux tribunaux.

MORELLI, à part.

Puissent-ils ne le ramener ici qu'après mon départ! ils m'épargneront au moins la honte de rougir devant lui.

DUDLEY.

Maintenant, mon ami, que je suis rassuré sur la position d'Angéla et sur la tienne, dis-moi donc ce que signifiaient les adieux que tu m'adressais dans la lettre que tu m'as envoyée par Bichoni?

MORELLI, avec embarras.

Des adieux?... moi... Je ne me rappelle pas bien ce que j'ai pu écrire; j'étais si troublé dans ce moment...

DUDLEY, lui montrant la lettre.

Tiens... lis; c'est positif : « Adieu, vous ne me reverrez plus. » Ah! je l'avoue, au premier moment, cette phrase me frappa... elle jeta dans mon âme des soupçons qui la torturèrent... mais que ma confiance en toi eut bientôt dissipés... Je cherchai sans pouvoir comprendre...

MORELLI.

Ayant résolu, sans penser à ma faiblesse, d'attaquer ouvertement Stralzo, la crainte de succomber, après une lutte dans laquelle il avait sur moi de si grands avantages, peut seule expliquer le sens de ces paroles.

DUDLEY.

Tu as vu, mon ami, ce que peuvent l'honneur et le courage réunis.

MORELLI.

Milord... ces éloges...

DUDLEY.

Sont encore au-dessous de ceux que tu mérites. Je te devais ma fortune, et maintenant je te dois une femme dont la perte m'eût donné la mort.

SCÈNE V.

LES MÊMES, BICHONI, UN DOMESTIQUE.

DUDLEY, au domestique.

Eh bien! vos recherches...

LE DOMESTIQUE.

Elles ont toutes été vaines, milord; nous avons couru sur les traces de ce misérable qui s'est introduit ici et qui a blessé, presque sous nos yeux, ce bon monsieur Morelli; mais l'obscurité a favorisé sa fuite.

DUDLEY.

Il m'échappe!... ô malheur!

MORELLI, à part.

Il me sera donc permis de fuir avant qu'il ait pu m'accuser!

DUDLEY.

Il ne s'est éloigné, sans doute, que pour chercher encore les moyens de poursuivre l'exécution de ses infâmes projets; mais je vais écrire immédiatement au juge royal pour qu'on s'assure de sa personne. (Il se met à écrire.) C'est le meilleur moyen d'éviter à Angéla de nouvelles persécutions, jusqu'à ce que j'aie sur elle les droits d'un époux, ce qui ne peut tarder, car le notaire est prévenu et mes invitations sont faites.

(Il se lève.)

MORELLI.

Il se pourrait, milord?...

DUDLEY.

Devais-je prévoir les tentatives de Stralzo?... Mais dans quelques instants il ne sera plus à craindre pour nous.

(Il tient sa lettre à la main.)

MORELLI.

Voulez-vous que je prévienne l'autorité?...

DUDLEY.

Non, non, reste... Tu as besoin de repos. (au domestique.) Suis-moi.

(Il serre la main de Morelli et sort.)

SCÈNE VI.

MORELLI, BICHONI.

BICHONI, à part.

Voyez donc quelle révolution causent deux beaux yeux!... Nous étions si tranquilles avant leur arrivée!

MORELLI.

Angéla!... Angéla!... pourquoi t'ai-je vue?... Sans toi je ne me serais pas rendu parjure!... Il n'est qu'un seul moyen de fuir le déshonneur, je ne dois pas hésiter à le saisir... Bichoni, tout ce qui se passe ici depuis hier n'a pu échapper à ton intelligence?

BICHONI.

Vous me flattez, monsieur.

ACTE III, SCÈNE VI.

MORELLI.

Tu vas, sans perdre un seul instant et avec le plus grand mystère, aller à mon appartement et tout préparer pour notre départ.

BICHONI, stupéfait.

Ah! mon Dieu! est-ce possible? Quoi!... nous allons partir.

MORELLI.

Il le faut; l'honneur l'ordonne.

BICHONI.

Ah! monsieur, votre honneur me casse bras et jambes.

MORELLI.

Pas de réflexion; fais ce que je te dis.

BICHONI.

Allons, monsieur, puisqu'il n'y a pas moyen de vous détourner de l'envie de voyager... dans quelques instants tout sera prêt... Ô Berlinetta! que vas-tu devenir?... D'ici là, monsieur, tâchez de revenir à des idées qui nous empêcheraient de partir... Cherchez des idées, monsieur, je vous en prie.

(Il sort les larmes aux yeux.)

SCÈNE VII.

MORELLI, seul.

Oui, le sacrifice est devenu nécessaire... Qu'il va me coûter maintenant que je connais le cœur d'Angéla!... Angéla, femme adorée!... Ah! je le sens, mon amour ne s'éteindra que dans la tombe. (On entend du bruit au dehors.) D'où viennent ces cris!... C'est la voix d'Angéla!

ANGELA, au dehors.

Laissez-moi... laissez-moi...

SCÈNE VIII.

MORELLI, ANGÉLA, MADAME SIMÉONI, BERLINETTA.

ANGELA, sortant de son appartement dans le plus grand désordre.

Laissez-moi! vous dis-je... (Après un moment de silence.) Mort!... mort!... Oui, Stralzo l'a tué... le cruel!

(Elle pleure.)

MORELLI.

Que dit-elle? Quel funeste égarement!...

MADAME SIMÉONI.

Effrayées par ses discours, nous avons fait nos efforts pour la retenir dans son appartement, mais ils ont été inutiles.

BERLINETTA.

A chaque instant nous redoutions quelque affreuse catastrophe... avec ça que le lac est si près.

MORELLI.

L'infortunée!

ANGELA, se croyant seule.

Stralzo a su que nous nous aimions en secret... Il n'a tué Morelli que par jalousie... il n'a pas voulu que je sois à lui... (avec tendresse.) à lui qui m'aurait rendue si heureuse!

(Elle s'assied.)

MADAME SIMÉONI, à part, avec surprise.

Morelli occupe seul sa pensée!

BERLINETTA, à part.

Ah! pauvre milord! lorsqu'il saura...

MADAME SIMÉONI.

Silence!

ANGELA, continuant.

Oh! malgré lui, je me rappellerai le jardin de la ferme des Châtaigniers... Morelli!... Je crois voir encore son visage mélancolique et rêveur... lorsque, cachée derrière une touffe de lilas, je le regardais sans qu'il me vît... Puis, quand je paraissais, tout à coup ses yeux étincelaient de bonheur et d'amour!... Ah! je veux... je dois le rejoindre... le rejoindre au ciel qui a reçu nos serments... La mort!... je la bénis, puisque c'est elle qui doit nous réunir pour jamais... Pour jamais!

MADAME SIMÉONI.

Voilà ses funestes pensées qui lui reviennent!

ANGELA.

Oui, je vais me parer pour aller à lui... Que je serai belle !... avec le bouquet et la couronne de fleur d'oranger!

(Elle paraît joyeuse et semble ajuster sa toilette.)

MORELLI, à madame Siméoni.

Ah! par pitié, ne parlez à personne de sa triste position, et laissez-moi seule avec elle.

MADAME SIMÉONI.

Mais...

MORELLI.

Ne craignez rien... Je veux, en flattant sa folie, essayer de la rendre à la raison.

MADAME SIMÉONI.

Ah! monsieur, conservez-moi ma bonne maîtresse et je vous bénirai!

MORELLI.

Allez!... allez!

MADAME SIMÉONI.

C'est à regret que je les quitte; mais je ne m'éloigne pas...

(Elle fait comprendre qu'elle va rester dans la pièce voisine.)

BERLINETTA, en sortant.

Moi, j'aime bien Bichoni; mais heureusement ça ne va pas jusque-là.

SCÈNE IX.

MORELLI, ANGÉLA.

ANGÉLA, continuant.

Qu'il sera content de me voir!... Auprès de lui plus de douleur!... plus de larmes!...

MORELLI, à genoux près d'elle.

Angéla!... mon Angéla... tu es mon bien.. mon unique bien... je le réclame...

ANGÉLA, écoutant avec joie et le sourire sur les lèvres.

Qui parle ainsi?... Chut!... pas de bruit!... j'écoute!...

MORELLI, à voix basse.

Ils disent que la douleur a égaré ta raison... quand ce tendre égarement parle le langage de la raison même... Oui, il y a des résolutions inspirées par une nécessité cruelle... il faut les suivre... Oui, tu as raison, te dis-je, il faut mourir!

ANGÉLA, écoutant.

N'est-ce pas?

MORELLI.

Tu veux quitter cette terre de déceptions et d'ennuis... Mais attends-moi... ton amant est resté près de toi pour te donner le signal du départ.

ANGÉLA, avec joie.

Oh! ces paroles!.. qui les a prononcées?.. elles ont retenti jusqu'au fond de mon âme!... Quelle voix me rend à moi-même?... (Ses regards se tournent vers Morelli; elle jette un cri.) Ah! c'est lui!.. c'est bien lui! (Elle le presse dans ses bras.) Ce n'est pas un songe!.. Le voilà, celui que j'aime!.. (avec amour.) Le voilà sur mon cœur, et le ciel entend mes serments!... A lui... à lui pour toujours!... (revenant à elle.) Mais que dis-je?... Malheureuse!... où m'emporte un coupable amour? (à Morelli.) Éloigne-toi! fuis!... fuis!... Ma raison m'est rendue, et avec elle mes tristes souvenirs!... Parjures tous les deux!... Parjures!... L'entends-tu bien ce mot terrible!.. Ma honte va éclater à tous les yeux! et déjà je vois Dudley le bras levé sur nous pour venger la foi trahie!

MORELLI.

Angéla, calme-toi; Dudley ne sait rien... Stralzo est en fuite; tu peux encore remplir ta promesse!

ANGÉLA.

Ma promesse?... Ne t'ai-je pas laissé lire dans mon cœur?... Ah! si tu le veux, lorsque Dudley viendra pour me conduire à l'autel, il ne saisira qu'une main glacée...

MORELLI.

C'est à moi seul de mourir! moi qui te perds et qui souilles ces lieux de ma présence... Moi seul je fus coupable en t'avouant mon amour; mais toi, tu peux être à Dudley sans rougir.

ANGÉLA, avec tendresse.

Mais je t'aime!...

MORELLI.

Ah! mon Angéla! ce mot... ce seul mot, plein de délices et de larmes, vient m'inspirer... (à voix basse.) Soyons l'un à l'autre dans l'éternité!

ANGÉLA, avec ivresse, mais à demi-voix.

Tu penses donc comme moi que la mort nous offre le seul asile où nous puissions goûter la félicité que nous avons rêvée sur la terre!... Jurons-nous donc que, quoi qu'il puisse arriver, nous nous réunirons ici, tous les deux... à minuit!

MORELLI.

Pour ne plus nous quitter.

ANGÉLA.

A minuit tu viendras chercher ton épouse...

MADAME SIMÉONI, qui pendant cette scène s'est montrée plusieurs fois pour écouter leur conversation, traverse le théâtre dans la plus grande agitation, en disant:

Ah! les pauvres enfants!... Il faut les sauver malgré eux... Écoutons encore...

MORELLI, à Angéla.

D'ici là, point de soupirs, point de larmes qui nous trahissent!

ANGÉLA.

Rassure-toi... Dudley ne lira rien sur mon visage.

MADAME SIMÉONI, à part.

Courons prévenir milord... O ciel! le voici!..

(Milord vient avec toutes les personnes invitées à la signature du contrat; madame Siméoni ne peut sortir.)

MORELLI.

On vient!...

(Il fait un signe à Angéla et s'éloigne d'elle.)

SCÈNE X.

DUDLEY, MORELLI, ANGÉLA, MADAME SIMÉONI, BERLINETTA, UN NOTAIRE, INVITÉS des deux sexes.

DUDLEY, à sa société.

Venez, venez, mes amis; il me tarde de vous présenter celle qui doit embellir ma destinée. (à Angéla.) Angéla pardonnera-t-elle à mon impatience?... De perfides tentatives ont failli reculer mon bonheur, mais le ciel l'a protégé.

(On félicite Angéla, qui affecte une joie simulée; le notaire s'assied à une table et écrit.)

MADAME SIMÉONI, à part.

Il ne me reste plus qu'un moyen... hâtons-nous!...

(Elle sort et reparaît dans le courant de la scène suivante.)

SCÈNE XI.

LES PRÉCÉDENTS, excepté MADAME SIMÉONI.

BICHONI, arrivant près de son maître avec mystère.

Monsieur, tout est prêt pour le départ...

MORELLI.

Nous ne partons plus.

BICHONI, à part.

Nous partons, nous ne partons plus... Ma foi! je m'y perds !...

DUDLEY, au notaire.

Où en est le contrat?

LE NOTAIRE.

Il n'y manque plus que vos signatures.

DUDLEY.

Hâtons-nous; car je suis impatient de donner un protecteur à Angéla... Méditant sans doute quelque nouvelle trame, Stralzo s'est soustrait par une prompte fuite au coup qui le menace; mais des ordres sont donnés, et il paiera bientôt de sa vie son lâche attentat.

SCÈNE XII.

LES MÊMES, STRALZO.

STRALZO, à Dudley.

C'est ma vie que tu demandes. Eh bien ! prends-la !

TOUS, avec effroi.

Stralzo!...

MORELLI, à part.

Je suis perdu!

STRALZO.

Oui, Stralzo, qui, grièvement blessé, s'était caché non loin de ces lieux, tandis qu'on était à sa recherche... Mais j'ai senti la mort s'approcher (s'adressant à Dudley.), et je suis venu me livrer à toi... à toi que je hais... et dont je veux me venger.

DUDLEY.

Ta haine, je la méprise; ta vengeance, je la brave. N'es-tu pas en mon pouvoir?

STRALZO.

Insensé!... crois-tu donc que pour percer ton cœur je n'ai d'autres armes qu'une épée ? Détrompe-toi; un mot, un seul mot de ma bouche suffira.

DUDLEY.

Ah! je te comprends... La calomnie, n'est-ce pas ?

STRALZO.

La calomnie!... Non, la vérité seule... Et s'il te faut ensuite un témoignage irrécusable, celui de Morelli...

DUDLEY

De Morelli ?

STRALZO.

Oui... regarde-le, il est blessé, et tu ne l'en aimes que mieux parce que tu crois qu'il a reçu cette blessure pour te conserver Angéla!... Erreur... Morelli est ton rival, et ton rival aimé. Je l'avais flatté de l'espoir d'obtenir Angéla, et il avait promis de la remettre sous ma dépendance... Soupçonnant ma bonne foi, il a manqué à sa parole, mais pour fuir avec elle, et quelques instants plus tard Angéla était à jamais perdue pour toi... Je t'ai dit la vérité. (à Morelli.) Morelli, je te défie de me démentir.

(Cette soudaine et terrible accusation jette le trouble dans l'âme de tous les assistants. Angéla et Morelli restent muets et calmes.)

DUDLEY, à part, avec une douleur concentrée.

Ah! c'est trop affreux pour y croire !

STRALZO, dont la souffrance augmente et dont la voix faiblit.

Adieu ! Dudley... je me suis vengé de toi... Maintenant je mourrai sans regrets.

(Il chancelle en prononçant ces dernières paroles, et sort soutenu par quelques domestiques.)

SCÈNE XIII.

LES MÊMES, excepté STRALZO.

DUDLEY, à Morelli.

Morelli! mon cher Morelli! tu viens d'entendre de quel crime on ose t'accuser... Pure calomnie, n'est-ce pas ? Ah! parle, parle, je t'en conjure! Ne vois-tu pas que mon amitié vole au-devant de ta justification ? (Ici un domestique s'approche de Dudley et lui remet une lettre. A part, après avoir lu.) O ciel ! qu'ai-je lu ?... Il se pourrait!... Les perfides !... Je suis trahi!... Les immoler tous deux serait justice! O mon Dieu! donne-moi la force de supporter ce coup affreux !... (Après avoir réfléchi un moment, il s'approche du notaire.) Monsieur !...

(Il lui parle bas à l'oreille.)

LE NOTAIRE.

Vous voulez, milord ?

DUDLEY.

Faites ce que je vous dis. (aux convives, gaîment.) Messieurs, l'arrivée de Stralzo a retardé la signature de ce contrat, mais rien ne sera changé aux dispositions que j'avais prises.

LE NOTAIRE.

Tout est prêt, milord.

DUDLEY.

En ce cas, signons. Angéla...

(Il lui offre la main et la conduit près du notaire.

LE NOTAIRE, indiquant à Angéla la place où elle doit mettre son nom.

Ici, madame.

ANGÉLA, à part en signant.

O mon Dieu! pardonne-moi. (à Dudley.) Milord, permettez-moi de me retirer dans mon appartement.

DUDLEY.

Allez, Angéla. (à madame Siméoni.) Maintenant, madame Siméoni, il faut parer Angéla pour la cérémonie nuptiale qui aura lieu à minuit.

ANGÉLA et MORELLI, à part, en se regardant.

A minuit!

(Angéla sort par la gauche; madame Siméoni et Berlinetta la suivent.)

SCÈNE XIV.

LES MÊMES, excepté ANGÉLA et MADAME SIMÉONI.

DUDLEY, à Morelli.

A toi, mon ami! Tu ne voudrais pas être le dernier, j'en suis sûr, à ratifier mon bonheur.

MORELLI, à part en allant signer.

Son bonheur!...

(Après Morelli, quelques convives signent aussi.)

DUDLEY, à Morelli.

D'ici à ce moment fortuné, j'espère, mon ami, que tu ne me quitteras pas?

MORELLI.

Pardon, milord... Mais je souffre encore de ma blessure... dans un moment je serai près de vous.

DUDLEY.

Je t'attends à minuit.

MORELLI.

Oui, milord, à minuit.

(Il sort par la droite. On entend au loin une musique vive et bruyante.)

SCÈNE XV.

LES MÊMES, excepté MORELLI.

DUDLEY, à ses amis.

Voilà, mes amis, le signal de la fête que j'ai fait préparer dans les jardins de cette villa. Livrez-vous à tous les plaisirs que j'ai réunis en ces lieux. (Tous les convives sortent; les domestiques les suivent, emportant les candélabres et les flambeaux, à l'exception d'un seul qui reste sur la table. Demi-nuit. Dudley, s'adressant à l'un des domestiques:) Que la chapelle soit parée et que mon chapelain nous y attende.

SCÈNE XVI.

DUDLEY, seul.

J'avais besoin d'être seul... Tant de contrainte ajoutait à mon supplice, et plus d'une fois j'ai failli laisser échapper l'indignation qui remplissait mon cœur... Angéla! Morelli! bientôt vous apprendrez à me connaître... bientôt vous verrez si Dudley sait se venger... Mais cette vengeance, ô mon Dieu! aurai-je le courage de l'accomplir... Quelqu'un vient... C'est Morelli!...

(Il souffle la seule bougie qu'on avait laissée et se met à l'écart. Nuit close.)

SCÈNE XVII.

DUDLEY, MORELLI, puis ANGÉLA.

MORELLI, se croyant seul.

Le premier au rendez-vous... Viendra-t-elle?

ANGÉLA, paraissant.

Oui, Morelli... je me suis parée, et je viens m'unir à toi.

MORELLI.

Dis-moi bien que tu quitteras cette terre sans regret?

ANGÉLA.

Avec joie, Morelli; car nous serons unis pour jamais!

MORELLI, tirant un stylet qu'il avait caché sur sa poitrine.

Eh bien! que notre destinée s'accomplisse!... Regarde ce stylet... la mort qu'il donne est sûre! (Angéla s'agenouille et fixe les yeux vers le ciel, en attendant le coup mortel.) Et lorsque Dudley viendra pour te conduire à l'autel, il ne trouvera plus ici que deux cadavres!

DUDLEY, s'avançant et arrachant le stylet des mains de Morelli, au moment où il va frapper Angéla.

Arrêtez!...

ANGÉLA, à part.

Dudley!...

MORELLI.

Il sait tout!...

DUDLEY.

Oui, je sais tout... je connais votre trahison et vos projets! Si un moment j'ai paru douter des paroles de Stralzo, c'était pour mieux cacher ma honte et la vôtre aux yeux de tous... c'était pour assurer ma vengeance; car vous n'avez pas cru sans doute que je vous pardonnerais une telle offense?...

MORELLI, confus.

C'est à genoux que nous attendons votre arrêt!

(Ils s'agenouillent tous les deux.)

DUDLEY, les regardant un moment en silence, et paraissant jouir de leur repentir.

Bien! à mes pieds... humiliez-vous... et acceptez mes reproches!... Ce n'était donc pas assez pour toi, Morelli, d'avoir brisé tous les liens de l'amitié et de la reconnaissance, en m'enlevant le cœur de la femme que j'aime!... il te fallait encore associer ta complice au crime odieux que tu méditais!... il fallait que tu l'entraînasses avec toi dans la tombe!

MORELLI et ANGÉLA.

Pitié!... pitié!

DUDLEY.

Pitié!... Et avez-vous eu pitié de moi quand vous avez conçu l'affreux projet de vous tuer?... avez-vous songé qu'en mourant vous me laissiez seul, isolé sur la terre, avec mon désespoir, moi votre bienfaiteur et votre ami!... Que vous avais-je donc fait, ingrats, pour me traiter ainsi?... Toutes mes pensées, toutes mes actions, avaient pour but votre félicité; et quand je m'applaudissais de mon ouvrage, vous vous prépariez à la mort!... C'était là la dernière preuve de tendresse et de reconnaissance que vous vouliez laisser à Dudley!... Ah! votre crime est affreux!

ANGÉLA.

Voyez nos remords et ne soyez pas aussi cruel que nous.

MORELLI.

Accablez-moi de tout votre courroux, mais épargnez Angéla!...

DUDLEY.

Aussi coupables l'un que l'autre, un châtiment égal vous attend.

ANGÉLA, avec douleur.

Mais, milord, en me faisant signer ce contrat, quel était donc votre projet?...

(Ici minuit sonne.)

DUDLEY.

Vous allez l'apprendre... Minuit vient de sonner... c'est l'heure fixée pour la cérémonie nuptiale... Levez-vous.

(Le fond du théâtre s'ouvre, et laisse voir l'intérieur de la chapelle de la villa, richement décorée et resplendissante de lumière. Tous les convives s'y trouvent réunis; ils attendent à genoux les nouveaux mariés.)

SCÈNE XVIII.

LES MÊMES, MADAME SIMÉONI, BERLINETTA, BICHONI, CONVIVES, DOMESTIQUES.

DUDLEY.

L'autel est préparé... le prêtre nous attend... (s'adressant à Morelli.) Morelli, comte de Roselli... (Mouvement de Morelli.) venez recevoir à la face de Dieu la main d'Angéla, la fille adoptive de lord Dudley!...

ANGÉLA.

Que dites-vous, milord?...

MORELLI.

Ah! j'ai mal compris, sans doute!

DUDLEY.

Non, malheureux! le contrat que tu as signé, c'est le tien, et c'est ta femme que tu allais immoler!

MORELLI.

Ah! milord! honteux et confus, je n'ose lever les yeux sur vous... dont la magnanimité m'accable!

ANGÉLA.

Comment vous faire oublier jamais...

DUDLEY.

En m'aimant tous les deux comme un père! (à Angéla.) Venez, ma fille.

(Il lui donne la main et la conduit à l'autel au son d'une musique religieuse. Les deux époux s'agenouillent pour recevoir la bénédiction nuptiale. Dudley seul est resté à la porte de la chapelle.)

SCÈNE XIX.

LES MÊMES, UN DOMESTIQUE.

LE DOMESTIQUE, à Dudley.

Milord, la chaise de poste est prête.

DUDLEY, à part, prêt à sortir et jetant un regard attendri sur les deux amants qui sont à l'autel.

Oui, il faut partir!... Adieu! vous que je chéris!... Dans un an je reviendrai.

FIN DE A MINUIT.

IMPRIMERIE DE E. DUVERGER, RUE DE VERNEUIL, N° 4.

FRANCE DRAMATIQUE.

PIÈCES EN VENTE :

La Seconde Année.
L'École des Vieillards.
L'Ours et le Pacha.
Le Camarade de lit.
Le Mari et l'Amant.
Les Malheurs d'un Amant heureux.
Henri III, et sa cour.
Un Duel sous le cardinal de Richelieu.
Calas, de Ducange.
Michel et Christine.
Le Mariage de raison.
L'Homme au Masque de fer.
La Jeune Femme colère.
L'Incendiaire.
La Vieille.
Le Jeune Mari
La Demoiselle à marier.
Les Vêpres Siciliennes.
Le Budget d'un jeune ménage.
L'Auberge des Adrets.
Philippe.
La Dame blanche.
Toujours.
Dix ans de la vie d'une femme.
Le Lorgnon.
Bertrand et Raton.
Une Faute.
Le ci-devant jeune homme.
Marie Mignot.
Pourquoi ?
Richard d'Arlington.
La Chanoinesse.
Les Comédiens.
L'Héritière.
Léontine.
Le Gardien.
Dominique.
Le Philtre Champenois.
Le Chevreuil.
Le Charlatanisme.
Vert-Vert.
Bruies et Palaprat.
Une Fête de Néron.
Le Mariage extravagant.
Le Paysan perretti.
Pinto, en 5 actes.
La Carte à payer.
Le Mari de ma femme.
Les vieux Péchés.
Luxe et Indigence.
Zoé.
Louis XI.
Ninon chez madame de Sévigné.
Robin des Bois.
Marius.
Marie Stuart.
Les Rivaux d'eux-mêmes.
La famille Glinet.
Les Héritiers.
Jeanne d'Arc.
Les Maris sans femmes.
L'Assemblée de famille.
Mémoires d'un Colonel de Hussards.
Le Paria.
Les Deux Maris.
Le Médisant.
La Passion secrète.
Rabelais.
Les Deux Gendres.
Estelle.
Trente Ans.
Le Pré-aux-Clercs.
La Poupée.
La Tour de Nesle.

Changement d'uniforme.
Une Présentation.
Madame Gibou et Madame Pochet.
Est-ce un rêve?
Pra Diavolo.
Robert-le-Diable.
Le Duel et le Déjeuné.
Zampa.
Avant, Pendant et Après.
Les Projets de mariage.
Un premier Amour.
Napoléon, ou Schœnbrunn et Sainte-Hélène.
La Courte-Paille.
Le Hussard de Felsheim.
1760, ou les trois Chapeaux.
Rigoletti.
Robert Macaire.
Frédégonde et Brunehaut.
Gustave III.
Elle est folle.
L'Abbé de l'Épée.
Un Fils.
Les Infortunes de M. Jovial.
M. Jovial.
Victorine.
Catherine, ou la Croix d'or.
La Belle-Mère et le Gendre.
Heur et Malheur.
Il y a Seize ans.
Sophie Arnould.
L'Héroïne de Montpellier.
C'est encore du Bonheur.
Le Dîner de Madelon.
La Mère au bal, et la Fille à la maison.
Jean.
Les Étourdis.
Valérie.
Faublas.
Picaros et Diego.
La Démence de Charles VI.
Une Heure de mariage.
Madame Du Barry.
Le Voyage à Dieppe.
Les Anglaises pour rire.
La Fille d'honneur.
Un Moment d'imprudence.
Le Dîner de Madelon.
Les Deux Ménages.
Le Bénéficiaire.
Les Malheurs d'un joli Garçon.
Robert, chef de Brigands.
Michel Perrin.
Une Journée à Versailles.
Le Barbier de Séville.
Les Cuisinières.
Le nouveau Pourceaugnac.
Marie.
Le Secrétaire et le Cuisinier.
Clotilde.
Le Bourgmestre de Saardam.
Le Roman.
Le Coin de rue, ou le Rempailleur de chaises.
Le Célibataire et l'homme marié.
La Maison en loterie.
Les Deux Anglais.
Le Mariage impossible.
La Ferme de Bondi.
Werther.
La Prison d'Édimbourg.
La première Affaire.
La Famille de l'apothicaire.
Don Juan d'Autriche.
L'Enfant trouvé.

Le Poltron.
Le Facteur.
Misanthropie et Repentir.
Le Châlet.
Perrinet Leclerc.
Moiroud et Compagnie.
Chacun de son côté.
Le Vagabond.
Thérèse.
Sans Tambour ni Trompette.
Marino Faliero.
Fanchon la Vielleuse.
Prosper et Vincent.
Glenarvon.
Le Conteur.
Le Caleb de Walter Scott.
La Dame de Laval.
Carlin à Rome.
Les Deux Philibert.
Les Coutrières.
Couvent de Tonnington.
Le Landau.
Une famille au temps de Luther.
Les Poletais.
Hohorine.
Angelina.
La Princesse Aurélie.
Les Petites Danaïdes.
Un Mari charmant.
Les deux Frères.
Madame Lavalette.
La Pie Voleuse.
La Famille improvisée.
Les Frères à l'épreuve.
Le marquis de Carabas.
La Belle Écaillière.
Les Deux Jaloux.
La Laitière de Montfermeil.
Les Bonnes d'Enfants.
Farruck le Maure.
Monsieur Sans-Gêne.
Madame de Sévigné.
M. Chapelard.
La Camargo.
Préville et l'Inconnu.
Le Bourru bienfaisant.
La Fille de Dominique.
Le Philosophe sans le savoir.
Rossignol.
Deux vieux Garçons.
La jeunesse du duc de Richelieu.
Le père de la Débutante.
L'Avoué et le Normand.
La Luive.
Un Page du Régent.
Les Indépendants.
Les Huguenots.
Malinoté dans le quartier.
L'Idiote, drame en 4 actes.
Suzette.
Guillaume Colmann, dr. en 5 actes.
Les Deux Edmond.
Le Serment de Collège.
La Vie de Garçon.
La Camaraderie.
Le Commis-Voyageur.
La Liste de nos Maîtresses.
Alix, ou les Deux mères.
99 Moutons et un Champenois.
Harpali, parodie.
Un Ange au sixième étage.
Frascati, vaud. en 3 actes.

La Cocarde tricolore.
La Muette de Portici.
La Foire Saint-Laurent.
Clermont.
Le Pioupiou, v. en 3 actes.
Le Perruquier de la Régence.
Le Chevalier du Temple.
Le Mariage d'argent.
Le Camp des Croisés avec une préface et une Lettre de Victor Hugo à l'auteur.
Mademoiselle d'Aigigny.
Une vision, ou le Sculpteur.
Le Bourgeois de Gand.
Le Pauvre Idiot, d. 5 actes.
Louise de Ligueroles, dr. en 3 actes.
L'Homme de Soixante ans.
Marguerite.
La Belle-Sœur.
Céline la Créole, ou l'opinion, dr. en 5 actes.
Mademoiselle Bernard, ou l'autorité paternelle.
Précepteur à vingt ans.
Madame Grégoire.
La Cachucha.
Samuel le marchand, dr. en 5 actes.
Guillaume Tell, op. 4 a.
Henri Hamelin, drame en 3 actes.
Un testament de dragon.
Le Ménestrel, com. 5 a.
Les Bayadères de Pithiviers, vaud. en 3 tab.
Peau d'âne, en 3 a.
L'ouverture de la Chasse.
La Vie de Château.
Thérèse, opéra-comique.
L'Obstacle imprévu.
Richard Savage, dr. 5 a.
Le Grand-Papa Guérin.
Le Général et le Jésuite, drame en 5 actes.
La Boulangère a des écus.
Don Sébastien de Portugal, trag. en 5 actes.
Mademoiselle Clairon.
Ruy-Blas, parodie de Ruy-Blas.
Une Position délicate.
Randal, dr. en 5 actes.
L'Enfant de Giberno.
Sept Heures.
Un bal de Grisettes.
Candinot, roi de Rouen.
Françoise et Francesca.
La Tentille.
Les Trois Gobe Mouches.
Le Postillon Franc-Comtois.
Mademoiselle Nichon.
Dagobert.
Les Maris vengés.
Une Sainte Hubert.
La Fille d'un Voleur.
Les Serments.
Le Planteur.
Jaspin, com.-vaud.
Le Père Pascal.
Nanon, Ninon et Mainteon.
Phœbus.
Les Camarades du ministre.
Vingt-six ans.
La Cavaille.
L'Éclair.

L'Intérieur des Comités révolutionnaires.
La Laitière de la Forêt.
Bobèche et Galimafré.
La Femme Jalouse.
Le Panier Fleuri.
Le Protégé.
Le Diamant.
Les Treize.
L'Eau merveilleuse.
Le Naufrage de la Méduse.
Geneviève la Blonde.
Industriels et Industrieux.
Le Pied de mouton.
La Grande Dame.
Passé Minuit.
Le Susceptible.
Le Pacte de Famine.
Le Tribut des Cent Vierges.
Isabelle de Montréal.
Une Visite nocturne.
Madame de Brienne.
Un Ménage parisien.
Les Brodequins de Lise.
Valentine.
La Belle Bourbonnaise.
Mademoiselle Desgarcins.
Passé Midi.
Les trois Quartiers.
La Nuit du Meurtre.
La Fiancée.
Les Ouvriers.
Un Jeune homme charmant.
L'Élève de Saumur.
La Carte blanche.
Chantre et Choriste.
Les Chansons de Béranger.
La Fille du musicien.
La Rose Jaune.
Le Shérif.
Les Filles de l'Enfer.
César ou le Chien du château.
Eustache.
Argentine.
L'Amour.
La Fiancée de Lammermoor.
Le Père de Famille.
Bélisario.
Le Débardeur.
La Symphonie.
Sujet et Duchesse.
Écorce russe et Cour française.
Un Scandale.
Le Bambocheur.
Le Pultre, opéra.
Le Tasse.
Léonide.
A Minuit.

IMPRIMERIE DE E. DUVERGER, RUE DE VERNEUIL, N° 4.

www.ingramcontent.com/pod-product-compliance
Lightning Source LLC
Chambersburg PA
CBHW060638050426
42451CB00012B/2665